KREATIV KINDERLEICHT

Ina Andresen

POMPONS

Flauschige Bastelideen

INHALT

4 DAS BRAUCHST DU ALLES

6 SO WIRD'S GEMACHT

10 FISCH UND WAL

12 MONSTERSTIFTE

14 TEDDYBÄR

16 HAARSCHMUCK

18 EINHORN

20 EISTÜTEN

22 SPINNE

24 KÜKENSCHAR

26 MINI-MUFFINS

28 DRACHE

30 HÄUSCHEN UND KRANKENWAGEN

32 GIRLANDE

34 KRAKE UND SEEPFERDCHEN

36 FRÜCHTE

38 SCHNEEMÄNNER

40 TÜRSCHILD

42 VORLAGEN

48 IMPRESSUM

Schwierigkeitsgrade

schnell & einfach

braucht etwas Übung

für Anspruchsvolle

Die Vorlagen in diesem Buch stehen auch in deiner digitalen Bibliothek unter www.topp-kreativ.de/digibib zum Ausdrucken bereit. Den Code zum Freischalten findest du im Impressum.

12

14

16

20

22

24

28

30

32

36

38

40
Eltern müssen draußen bleiben!!

DAS BRAUCHST DU ALLES

WOLLE

Es gibt viele verschiedene Wollgarne aus unterschiedlichen Materialien. Schön füllig werden Pompons mit dicker Wolle oder auch Filzwolle.

POMPON-SCHABLONEN

Zum Wickeln der Pompons brauchst du zwei Pappringe. Auf Seite 42 findest du Vorlagen für Schablonen, mit deren Hilfe du die Pompons ganz leicht herstellen kannst.

POMPON-SETS

Es gibt auch fertige Pompon-Sets zu kaufen. Sie sind in verschiedenen Größen erhältlich. Wenn du sie benutzen möchtest, legst du sie auf die Vorlagen im Buch, um zu sehen, welche Größe du für dein Modell benötigst.

SCHABLONEN FÜR GESTREIFTE POMPONS

Für gestreifte Pompons verwendest du eckige Schablonen (siehe Seite 42), bei denen du die Farben nebeneinander aufwickelst.

SCHERE

Um die Fäden aufzuschneiden, die du um die Pompon-Schablone gewickelt hast, eignet sich am besten eine spitze Schere.

KLEBSTOFF

Kleinteile kannst du mit Bastel- oder Heißkleber an den Pompons anbringen. Möchtest du zwei Pompons miteinander verbinden, verwendest du am besten Heißkleber.

BASTELMATERIAL

Um die Modelle im Buch fertig zu basteln, benötigst du außer der Wolle noch Chenilledraht, Wackelaugen, Filz, Tonpapier und Dekomaterial wie z. B. Knöpfe, Perlen und gekaufte Mini-Pompons.

SO WIRD'S GEMACHT

SCHABLONE VORBEREITEN

Pause die passende Schablone (siehe Materialliste) von Seite 42/43 ab und übertrage sie zweimal auf festen Karton. Dann schneidest du beide Schablonen aus.

POMPON FERTIGEN MIT SCHABLONE

1 Lege die Schablonen übereinander und umwickle sie mit einem Wollfaden, bis das Loch in der Mitte gefüllt ist.

2 Schiebe eine Scherenspitze zwischen die Pappringe und schneide die Wollfäden ringsherum auf.

3 Schiebe die Schablonen etwas auseinander und lege einen Wollfaden in den Spalt. Ziehe den Faden fest an und verknote ihn.

4 Nun löst du die Schablonen ab. Schneide den Pompon etwas zurecht, damit er schön rund wird.

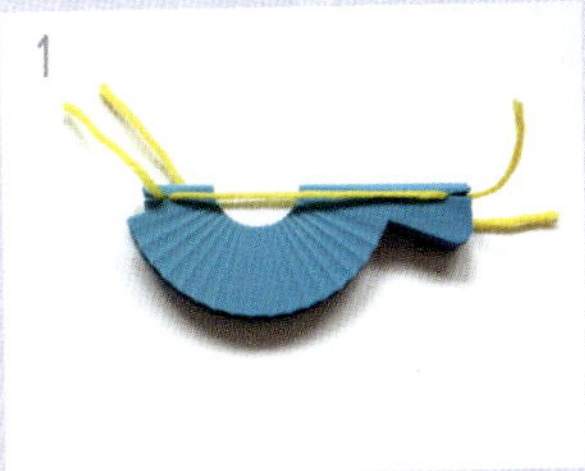

POMPON WICKELN MIT POMPON-MAKER

1 Schneide zwei Fäden von ca. 20 cm Länge (beim größten Pompon-Maker 25 cm) von deinem Wollknäuel ab. Lege sie von beiden Seiten an den oberen Rand des Pompon-Makers und stecke sie in den seitlichen Schlitzen fest.

2 Nimm nun dein Wollknäuel und wickle den Faden gleichmäßig und eng um den Bogen. Damit dir der Fadenanfang nicht herausrutscht, gibt es einen kleinen Trick: Schlinge den Faden das erste Mal um den Bogen, halte ihn gut fest und wickle dann die nächsten zwei Mal schräg über den ersten Faden. So wird er gut gesichert.

3 Wenn dein Wollknäuel aufgebraucht ist oder die Kuhle am Bogen vollkommen ausgefüllt ist, sicherst du den Endfaden, indem du ihn unter eine der anderen Schlingen schiebst.

4 Löse jetzt die Fäden aus den seitlichen Schlitzen und verknote sie so fest du kannst in der Mitte des Bogens.

5 Danach nimmst du eine Schere und schneidest damit die gewickelten Schlingen entlang der Rundung wie abgebildet auf.

6 Zuletzt bringst du deinen Pompon noch in Form: ein bisschen wuscheln und zurechtschneiden – fertig!

WEITER GEHT'S AUF DER NÄCHSTEN SEITE.

GABELPOMPONS

Umwickle die vier Zinken einer Gabel mit Wolle. Führe einen Wollfaden zwischen den mittleren Gabelzinken rings um den Wollstrang herum und verknote ihn. Schiebe den Wollstrang von der Gabel und schneide die Wollfäden auf. Zuletzt schneidest du den Pompon noch etwas zurecht, damit er schön rund wird.

FARBWECHSEL

Für einen mehrfarbigen Pompon umwickelst du die Schablone mit einem Strang Wolle. Schneide den Faden ab. Danach kannst du mit einer zweiten Farbe weiterwickeln. Die Farbe kannst du beliebig oft wechseln.

POMPONS MIT DER SCHERE AUSFORMEN

Zuerst schneidest du den Pompon an zwei sich gegenüberliegenden Seiten etwas flach. Übertrage anschließend die Vorlage auf Papier und lege sie auf den Pompon. Dann die Form entlang der Vorlagenkontur ausschneiden.

ABBINDEFÄDEN

Manchmal benötigst du die Abbindefäden nach dem Arbeiten der Pompons noch, um weiter zu basteln. Dann lässt du sie lang daran hängen. Damit du sie beim Zurechtschneiden des Pompons nicht aus Versehen abschneidest, hältst du sie dabei am besten zwischen den Fingern fest.

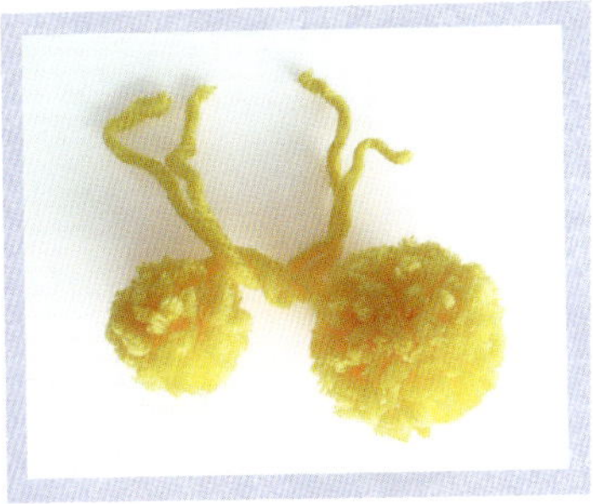

POMPONS ZUSAMMENFÜGEN

Die Abbindefäden an den Pompons lang lassen und miteinander verknoten. Alternativ kannst du die Pompons auch mit Heißkleber zusammenkleben. Lass dir beim Hantieren mit der Heißklebepistole aber immer von einem Erwachsenen helfen!

VORLAGEN ÜBERTRAGEN

Für einige Modelle findest du hinten im Buch Vorlagen. Pause diese auf dünnes Papier oder Transparentpapier ab und schneide sie mit einer Papierschere aus. Anschließend legst du die Schablone auf dein Bastelmaterial und umrandest die Vorlage mit Bleistift.

KLEINTEILE FLACH AUFKLEBEN

Teile, die flach auf den Pompon geklebt werden, streichst du mit Kleber ein und drückst sie fest auf den Pompon.

KLEINTEILE ABSTEHEND ANBRINGEN

Sollen die Kleinteile von dem Pompon abstehen, klebst du sie zwischen die Fäden. Drücke die Fäden dafür auseinander und schiebe das Teil Richtung Pompon-Mitte, bevor du es mit Kleber befestigst.

FISCH

und Wal

FISCH

1 Umwickle die Schablone mit 2 Strängen in Orange und einem Strang in Dunkelrot. Die Wolle mittig abbinden und am oberen und unteren Rand der Schablone aufschneiden. Stelle den Pompon wie gewohnt fertig.

2 Die Fischflossen sowie die Augenkreise und Pupillen aus dem Filz ausschneiden und aufkleben.

WAL

1 Für den Wal den Chenilledraht zu einer Wasserfontäne biegen.

2 Jetzt einen Pompon in Hellblau wickeln. Danach die Walflossen aus blauem Filz und die Augenteile aus schwarzem und weißem Filz ausschneiden. Alle Teile aufkleben.

DU BRAUCHST

FISCH
- Wolle in Orange und Dunkelrot
- Filz in Orange, 1 mm stark, 8 cm x 10 cm
- Filz in Weiß und Schwarz, 1 mm stark, je 2 cm x 4 cm

WAL
- Wolle in Hellblau
- Filz in Hellblau, 1 mm stark, 10 cm x 10 cm
- Filz in Weiß und Schwarz, 1 mm stark, je 2 cm x 4 cm
- Chenilledraht in Rosa, 20 cm lang

POMPON-SCHABLONE 4

SCHABLONE FÜR GESTREIFTE POMPONS (B)

VORLAGEN SEITE 44

MONSTER-Stifte

DU BRAUCHST

MONSTERSTIFT IN GRÜN
- Wolle in Grün
- Buntstift in Grün
- Chenilledraht in Grün, 2x 8 cm lang
- Filz in Weiß, 1 mm stark, 3 cm x 8 cm
- Filz in Schwarz, 1 mm stark, 2 cm x 5 cm
- 2 Plastikhalbperlen in Schwarz, ø 6 mm

MONSTERSTIFT IN PINK
- Wolle in Pink
- Buntstift in Pink
- Chenilledraht in Pink, 2x 4 cm lang
- Filz in Weiß, 1 mm stark, 3 cm x 4 cm
- 2 Plastikhalbperlen in Schwarz, ø 6 mm
- 2 Holzperlen in Pink, ø 1,2 cm

POMPON-SCHABLONE GRÖßE 2

VORLAGEN SEITE 44

MONSTERSTIFT IN GRÜN

1 Biege die beiden grünen Chenilledrähte jeweils an einem Ende zu kleinen Kreisen. Die Augenteile aus Filz ausschneiden.

2 Klebe die Plastikhalbperlen mittig auf die Augenkreise. Anschließend klebst du die Augen auf die Chenilledrähte.

3 Fertige einen Pompon in Grün an und klebe ihn auf den grünen Buntstift.

4 Jetzt Mund und Zähne aus dem Filz ausschneiden und alle Teile auf den Pompon kleben.

MONSTERSTIFT IN PINK

1 Die Perlen jeweils auf ein Ende der Chenilledraht-Stücke stecken.

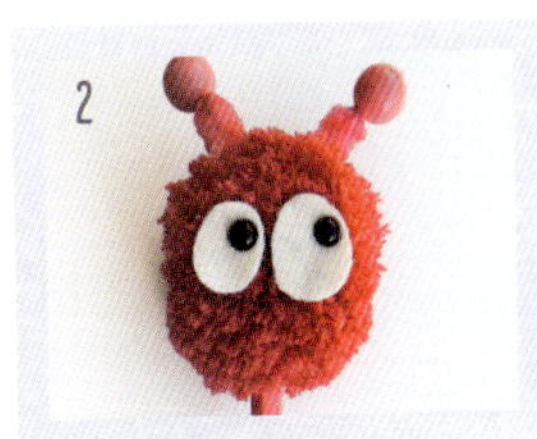

2 Klebe die Plastikhalbperlen mittig auf die Augenteile aus Filz. Fertige einen Pompon der Größe 2 in Pink an und klebe ihn auf den Stift. Die Fühler und Augen auf den Pompon kleben.

TEDDYBÄR

als Anhänger

DU BRAUCHST

- Wolle in Schwarz, Beige und Braun
- 2 Holzhalbkugeln, ø 8 mm
- Acrylfarbe in Schwarz
- Schlüsselring

POMPON-SCHABLONE GRÖßE 3

1 Für die Nase die Schablone dreimal mit schwarzer Wolle umwickeln. Neben die schwarze Wolle wickelst du als Schnauze einen Strang Wolle in Beige.

2 Fülle anschließend die Pompon-Schablone mit der Wolle in Braun aus und stelle den Pompon fertig. Dabei verknotest du die Abbindefäden so, dass sie etwas oberhalb der Nase und Schnauze liegen. Die Abbindefäden lang hängen lassen.

3 Für die Ohren zwei Gabelpompons in Braun herstellen. Drücke die Pompons anschließend etwas flach und schneide sie an einer Seite schmal ab.

4 Die Holzhalbkugeln mit der Acrylfarbe in Schwarz bemalen und gut trocknen lassen.

5 Klebe die Augen und Ohren auf den Bärenkopf.

6 Verknote die Abbindefäden an dem Schlüsselring.

HAARSCHMUCK

mit Bommel

DU BRAUCHST

- Wolle in Pink und Orange
- Haargummi in Hellgrün

POMPON-SCHABLONE GRÖßE 1

1 Wickle je einen Pompon in Pink und Orange und lass die Abbindefäden lang hängen.

2 Knote die Pompons mit den Abbindefäden an dem Haargummi fest. Fertig!

1

2

TIPP: Die Pompons aufgeklebt auf Haarklammern oder einem Haarreifen sehen auch toll aus. Bastle dir ein ganzes Haarschmuckset!

EINHORN

zum Knuddeln

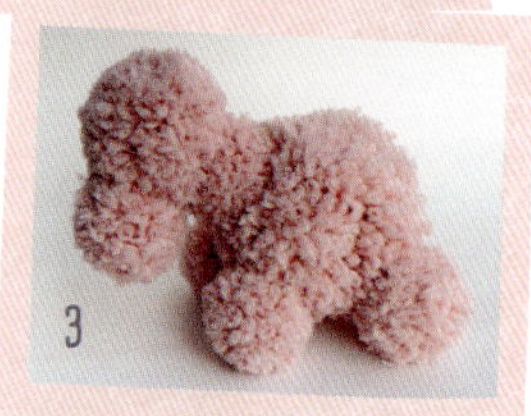

1 Fertige aus der Wolle in Rosa sechs Pompons in Größe 2 und jeweils einen Pompon in Größe 3 und 4 an.

2 Für den Kopf klebst du mit einer Heißklebepistole zwei Pompons der Größe 2 seitlich an den Pompon in Größe 3. Schneide einen der Pompons als Hals etwas schmaler zurecht.

3 Klebe nun den Kopf mit dem Halsstück auf den Körperpompon der Größe 4. Als Füße klebst du die vier Pompons in Größe 2 an.

4 Für die Augen die Holzhalbkugeln mit der schwarzen Farbe bemalen und gut trocknen lassen. Die Ohren aus Filz ausschneiden. Klebe die Augen und Ohren auf den Kopf.

5 Binde mehrere ca. 12 cm lange Wollfäden in Orange mittig zusammen. Fertige insgesamt sieben solcher Wollstränge an.

6 Klebe sechs der Wollstränge als Mähne auf. Bringe dafür einen Klebepunkt mit der Heißklebepistole mittig auf den Hals und den oberen Kopfteil an und drücke die Wollstränge darauf fest.

7 Einen Wollstrang klebst du als Schweif an den Körperpompon.

8 Jetzt schneidest du Mähne und Schweif schön zurecht, wie es dir gefällt.

9 Das Horn aus Filz ausschneiden und zu einem Trichter kleben. Zum Schluss das Horn und das rote Herz aufkleben.

DU BRAUCHST

- Wolle in Rosa und Orange
- 2 Holzhalbperlen, ø 8 mm
- Acrylfarbe in Schwarz
- Filz in Rosa, 5 cm x 5 cm
- Filz in Rot, 5 cm x 10 cm

POMPON-SCHABLONE GRÖßE 2, 3 UND 4

VORLAGEN SEITE 45

EISTÜTEN

Erdbeere oder Schokolade

DU BRAUCHST

- Wolle in Braun und Hellrot
- Eierschachtel
- Acrylfarbe in Sand und Dunkelbraun
- Mini-Holzperlen in Hellgrün, ø 4 mm
- Glasstifte in Bunt, 5 mm lang

POMPON-SCHABLONE
GRÖßE 2

1 Löse für die Eiswaffel vorsichtig ein Hütchen aus der Eierschachtel.

2 Bemale das Hütchen zuerst mit der Farbe in Sand und lass die Farbe gut trocknen. Anschließend malst du einen Schokoladenrand in Dunkelbraun an die obere Kante der Waffel.

3 Wickle jeweils einen Pompon in Braun für Schokolade und in Hellrot für Erdbeere. Gib etwas Kleber in die Ränder der Eistüten und drücke die Pompons darauf fest.

4 Nun die Eiskugeln mit kleinen grünen Perlen für Pistazienstückchen und Glasstiften für Zuckerstreusel bekleben, dann sehen sie noch leckerer aus.

SPINNE

mit kleinem Kreuz

DU BRAUCHST

- Wolle in Rot
- Filz in Gelb, 1 mm stark, 3 cm x 3 cm
- Chenilledraht in Orange-Schwarz gemustert, 3x 8 cm und 1x 3 cm lang
- Tonpapier in Weiß, 2,5 cm x 5 cm
- Gummiband in Schwarz, ø 0,6 mm, 50 cm lang
- dünner Filzstift in Schwarz

POMPON-SCHABLONE GRÖSSE 2

VORLAGEN SEITE 44

1 Umwickle die Schablone mit Wolle in Rot. Wickle zusätzlich zum Abbindefaden das Gummiband in den Spalt der Schablone. Die Enden des Gummibandes liegen dabei auf der gegenüberliegenden Seite. Den Pompon fertig basteln und die Abbinde- und Gummifäden lang daran hängen lassen.

2 Lege die 8 cm langen Chenilledrähte nebeneinander und umwickle sie mittig mit dem 3 cm langen Stück. Biege die Spinnenbeine etwas auseinander.

3 Knote die Spinnenbeine mit den Abbindefäden an den Pompon.

4 Die Augenkreise aus weißem Papier ausschneiden und mit einem dünnen Filzstift in Schwarz kleine Pupillen aufmalen. Klebe die Augen auf den Körper. Anschließend klebst du das Kreuz aus Filz auf den Körper.

5 Einen Gummifaden kurz abschneiden, in das andere Ende eine Halteschlaufe knüpfen.

1

2

3

KÜKENSCHAR

kunterbunt und flauschig

1 Fertige je einen Pompon in Größe 1 und 2 an. Die Abbindefäden lässt du daran hängen. Binde die Pompons mit den Abbindefäden zusammen, indem du sie zu einem festen Knoten verschlingst.

2 Male mit einem Filzstift kleine Pupillenkreise auf die Wattekugeln. Die Füße aus gelbem Tonpapier ausschneiden. Schneide danach den Schnabel aus dem orangefarbenen Tonpapier aus und falte ihn mittig.

3 Die Augen, den Schnabel und die Füße an das Küken kleben. Fertig! Bastle gleich eine ganze Schar Küken!

DU BRAUCHST

PRO KÜKEN

- Wolle in einer beliebigen Farbe
- Tonpapier in Orange, 2 cm x 3 cm
- Tonpapier in Gelb, 4 cm x 6 cm
- 2 Mini-Wattekugeln, ø 8 mm
- Filzstift in Schwarz

POMPON-SCHABLONE
GRÖSSE 1 UND 2

VORLAGEN SEITE 45

MINI-MUFFINS

zum Spielen

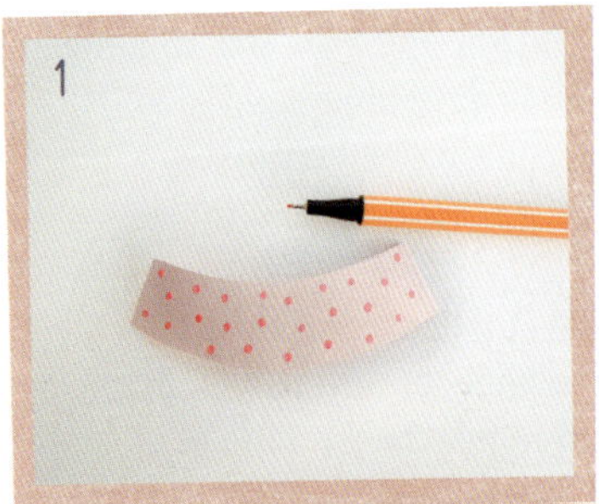

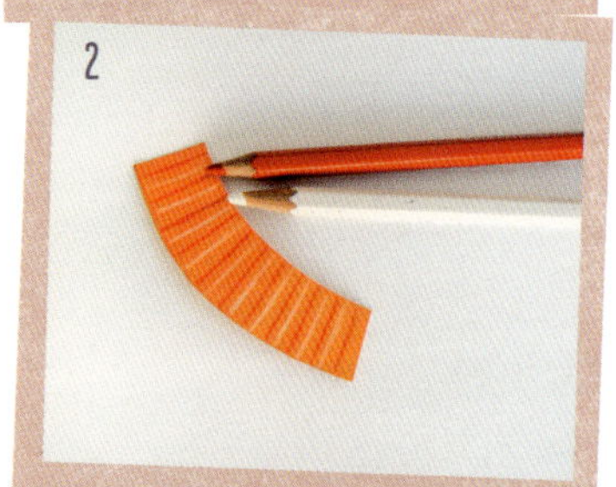

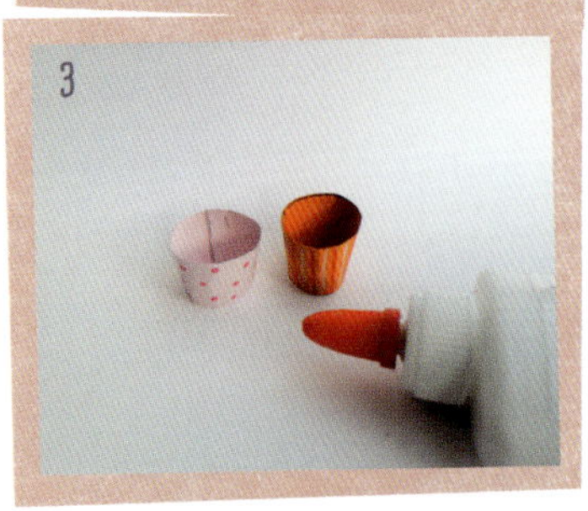

1 Schneide die Muffin-Förmchen jeweils einmal aus dem Tonpapier in Rosa und Orange aus. Mit einem pinkfarbenen Filzstift malst du kleine Punkte auf die Form in Rosa.

2 Verziere die Form in Orange mit Buntstift-Strichen in Rot und Weiß.

3 Streiche einen schmalen Rand jeder Form mit Kleber ein und klebe die Papiere zu Muffin-Förmchen zusammen.

4 Fertige je einen Pompon in Hellrot und in Rot an und befestige sie mit Kleber an den Förmchen. Verziere jeden Muffin mit einem Mini-Pompon.

DU BRAUCHST

- Tonkarton in Rosa und Orange, 4 cm x 10 cm
- Filzstift in Pink
- Buntstifte in Rot und Weiß
- Wolle in Hellrot und Rot
- Minipompons in Rosa und Rot, ø 1 cm

POMPON-SCHABLONE GRÖßE 1

VORLAGE SEITE 45

DRACHE

mit Flügeln

DU BRAUCHST

- Wolle in Aqua
- Filz in Türkis, 1 mm stark, 4 cm x 8 cm
- Filz in Grün, 1 mm stark, 8 cm x 12 cm
- Filz in Hellrot, 2 mm stark, 10 cm x 12 cm
- Filz in Schwarz, 1 mm stark, 1 cm x 3 cm
- 2 Plastikhalbperlen in Schwarz, ø 6 mm
- Wattekugel, ø 2 cm

POMPON-SCHABLONE GRÖẞE 1, 2, 3 UND 4

VORLAGEN SEITE 45

1 Für den Drachen insgesamt 11 Pompons wickeln (6x Größe 1, 3x Größe 2 und je 1x Größe 3 und 4).

2 Befestige mit Heißkleber zwei Pompons der Größe 2 an dem Pompon der Größe 3 für Hals und Kopf. Einen der kleineren Pompons als Hals rundherum etwas flach zuschneiden.

3 Befestige den Kopf mit Heißkleber auf dem größten Pompon. Für die Arme und Beine klebst du vier der kleinsten Pompons an. Der Schwanz besteht aus einem Pompon der Größe 2, den du hinten am Körper befestigst, und zwei Pompons in Größe 1.

4 Die Wattekugel mittig durchschneiden und auf jede Halbkugel eine Plastikhalbperle als Pupille kleben. Lass dir beim Teilen der Wattekugel von einem Erwachsenen helfen!

5 Schneide die Ohren, die Flügel und die Zacken aus Filz aus und klebe die Augen und alle Filzteile auf. Die größeren Zacken auf den Kopf und den Rücken, die kleineren auf den Schwanz kleben.

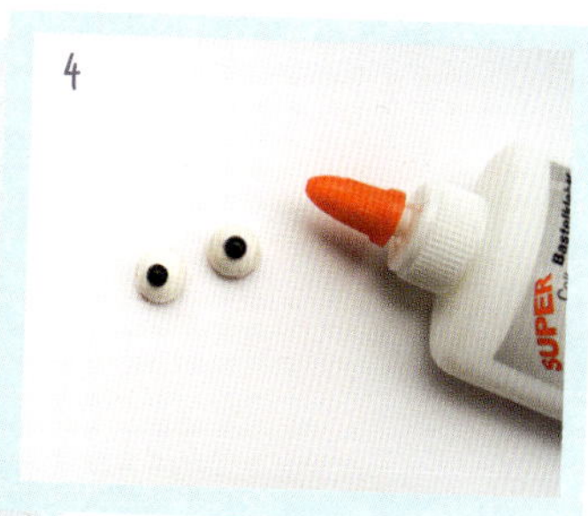

HÄUSCHEN

und Krankenwagen

DU BRAUCHST

HÄUSCHEN
- Wolle in Weiß, Rosa und Rot
- Filz in Dunkelrot, Rosa, Orange und Gelb, 1 mm stark, je 3 cm x 3 cm
- Chenilledraht in Rosa und Braun, je 2 cm lang
- 2 Miniholzperlen, ø 4–6 mm

KRANKENWAGEN
- Wolle in Weiß
- Filz in Rot, 1 mm stark, 5 cm x 12 cm und 1,5 cm x 3 cm
- Filz in Gelb, 1 mm stark, 1,5 cm x 3 cm
- Filz in Hellblau, 1 mm stark, 4 cm x 6 cm
- Filz in Schwarz und Hellgrau, 1 mm stark, je 3,5 cm x 14 cm
- Perle in Blau, ø 1 cm

POMPON-SCHABLONE GRÖẞE 3 UND 4

VORLAGEN SEITE 46

HÄUSCHEN

1 Umwickle die Pompon-Schablone (Größe 3) jeweils zur Hälfte mit Wolle in Weiß und in Rot oder Rosa. Den Pompon fertigstellen.

2 Den Pompon an der oberen und unteren Seite etwas flach zuschneiden.

3 Pause die Schablone für das Häuschen auf Papier ab. Lege die Schablone auf den Pompon und schneide das Haus aus.

4 Schneide die Fenster und Türen aus dem Filz aus. Auf die Fenster malst du mit Filzstift kleine Kreuze. Die Türen erhalten kleine Perlen als Türgriffe. Als Schornstein Chenilledraht aufkleben.

KRANKENWAGEN

1 Einen Pompon (Größe 4) in Weiß anfertigen und anschließend zu einem Würfel schneiden.

2 Um die Autoform zu erhalten, schneidest du an einer Seite eine Ecke heraus.

3 Schneide die Fenster, Reifenteile, Lampen und Kreuze aus dem Filz aus. Die grauen Felgen klebst du mittig auf die schwarzen Reifenteile.

4 Zum Schluss alle Teile auf das Auto kleben.

GIRLANDE

mit Herz

DU BRAUCHST

- Wolle in Dunkelrot, Rot, Pink und Rosa
- Filzband in Pink, 5 mm breit, 1 m lang
- Lederband in Dunkelrot, ø 1 mm, 1,20 m lang
- 18 Holzperlen in Pink, ø 1 cm

POMPON-SCHABLONE GRÖẞE 3

VORLAGE SEITE 47

1 Wickle einen Pompon in Pink und schneide ihn an zwei sich gegenüberliegenden Seiten flach zu.

2 Die Herz-Schablone auf Papier abpausen. Lege nun die Schablone auf den Pompon und schneide um die Schablone herum die Fäden ab, um die Herzform zu erhalten. Wiederhole Schritt 1 und 2 mit den anderen Farben.

3 Fädle die Perlen locker verteilt auf das Lederband auf. Nach jeder Perle machst du einen Knoten in das Band, damit sie nicht verrutschen.

4 Wickle das Lederband mit den aufgefädelten Perlen um das Filzband herum. Die Enden jeweils miteinander verknoten. Anschließend die Herzen mit Heißkleber auf den Bändern festkleben.

TIPP: Für eine kunterbunte Girlande kannst du auch jedem Herz eine andere Farbe geben – wie auf dem Titelbild.

1

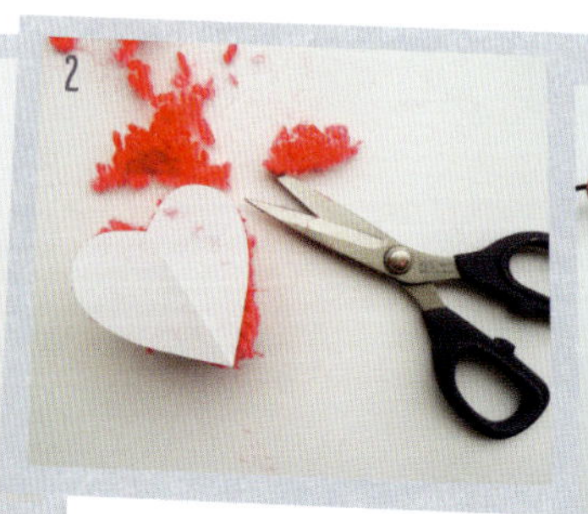
2

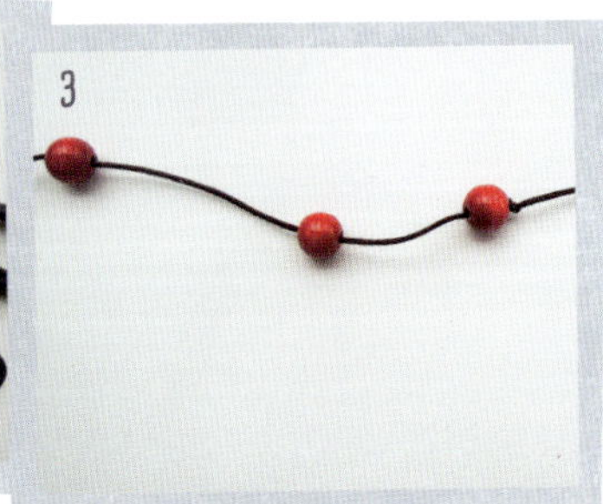
3

Ballett am
Dienstag 14^{00}

KRAKE

und Seepferdchen

DU BRAUCHST

KRAKE
- Wolle in Weiß und Hellblau
- Filz in Weiß und Schwarz, 1 mm stark, je 2 cm x 4 cm
- 3 Bänder in Hellblau-Weiß gestreift, 1,5 cm breit, je 30 cm lang

SEEPFERDCHEN
- Wolle, Bänder und Tüllstreifen in Weiß, Rosa und Pink
- Filz in Pink, 2 mm stark, 10 cm x 20 cm
- Filz in Weiß und Lila, 1 mm stark, je 2 cm x 4 cm
- Filz in Rosa, 1 mm stark, 4 cm x 6 cm
- Acrylstein in Rosa, ø 1 cm
- Band in Rosa-Weiß kariert, 5 mm breit, 25 cm lang

POMPON-SCHABLONE GRÖßE 3

VORLAGEN SEITE 47

KRAKE

1 Umwickle die Pompon-Schablone mit einer Lage in Hellblau. Anschließend wickelst du locker verteilt einige Fäden in Weiß um die Schablone. Wiederhole den Vorgang, bis die Schablone mit Wolle gefüllt ist. Den Pompon fertigstellen, die Abbindefäden lang hängen lassen.

2 Lege die Bänder für die Krakenbeine nebeneinander und binde sie mit den Abbindefäden am Pompon fest. In jedes Bandende einen Knoten knüpfen. Die Augenteile aus Filz ausschneiden und aufkleben.

TIPP: Für die Krake auf dem Titelbild den Pompon aus roter Wolle herstellen und rote Bänder mit weißen Nähten nutzen.

SEEPFERDCHEN

1 Umwickle die Pompon-Schablone mit Wolle, Bändern und Tüllstreifen, bis das Loch in der Mitte zur Hälfte gefüllt ist. Stelle den Pompon wie gewohnt fertig.

2 Das Seepferdchen aus dem Filz in Pink ausschneiden. Die Augenteile in Weiß und Lila, die Flossen in Rosa ausschneiden und auf das Seepferdchen kleben. Den Pompon als Bauch aufkleben. Verziere dein Meerestier mit einem karierten Halsband und einem Glitzerstein auf der Flosse.

DU BRAUCHST

PRO FRUCHT

ERDBEERE
- Wolle in Rot und Rosa
- Filz in Hellgrün, 1 mm stark, 4 cm x 4 cm

BIRNE
- Wolle in Gelb
- Stöckchen, 3 cm lang

APFEL
- Wolle in Rot
- Filz in Grün, 1 mm stark, 3 cm x 4 cm
- Stöckchen, 3 cm lang

KIRSCHE
- Wolle in Pink und Braun
- Filz in Grün, 1 mm stark, 3 cm x 3 cm

POMPON-SCHABLONE GRÖßE 1 UND 2

VORLAGEN SEITE 46

FRÜCHTE

für den Kaufmannsladen

ERDBEERE

1 Umwickle die Pompon-Schablone (Größe 1) mit einer Lage Wolle in Rot.

2 Jetzt wickelst du die rosafarbene Wolle locker verteilt einige Male um die Schablone.

3 Wiederhole Schritt 1 und 2, bis die Schablone komplett mit Wolle gefüllt ist und arbeite den Pompon zu Ende. Schneide ihn anschließend an einer Seite etwas schmaler zu, damit er eine Erdbeerform erhält.

4 Aus dem Filz ein Erdbeerblatt ausschneiden und oben an die Erdbeere kleben.

BIRNE

1 Jeweils einen gelben Pompon in Größe 1 und 2 anfertigen und mit den Abbindefäden zusammenbinden.

2 Schneide die Übergänge zwischen den Pompons etwas flach und klebe das Stöckchen oben auf die Birne.

APFEL

1 Fertige einen Pompon (Größe 2) in Rot an und schneide ihn an der Ober- und Unterseite etwas flach zu. Das Blatt aus Filz ausschneiden und zusammen mit dem Stöckchen oben auf den Apfel kleben.

KIRSCHE

1 Fertige einen Gabelpompon mit der Wolle in Pink an. Binde den Pompon mit brauner Wolle ab. Einen Abbindefaden anschließend als Stiel lang hängen lassen.

2 Wenn du möchtest, kannst du zwei Kirschen zusammenknoten oder an eine einzelne Kirsche ein Blatt aus Filz kleben.

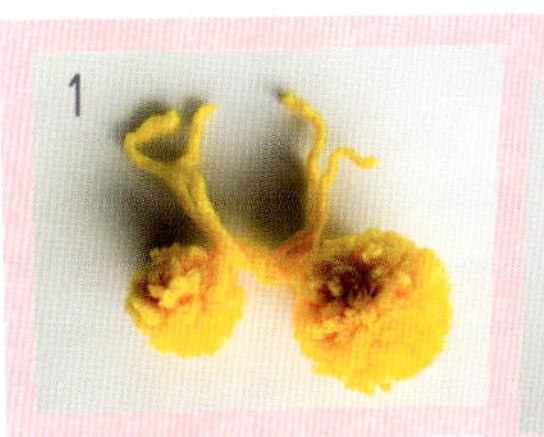

SCHNEEMÄNNER

frostige Gesellen

1 Fertige jeweils drei Pompons in den Größen 2 und 3 in Weiß an. Die Abbindefäden lang hängen lassen. Binde immer einen kleineren und einen größeren Pompon mit den Abbindefäden zusammen.

2 Für den Besen streichst du ein 1,5 cm x 6 cm langes Stück Filz in Hellgrün mit Kleber ein und wickelst es um ein 6 cm langes Schaschlikstäbchen. Schneide für die Borsten ein 3 cm x 10 cm langes Stück Filz an einer Längsseite regelmäßig ein, bestreiche es mit Klebstoff und wickle es um ein Ende des Besenstiels.

3 Für die Ohrenschützer die rosafarbenen Mini-Pompons auf den rosafarbenen Filzstreifen kleben. Für den Schal schneidest du die Enden des petrolfarbenen Filzes mehrfach ein.

4 Schneide die Schnäbel aus Filz in Orange oder Rot aus und klebe alle Teile auf die Schneemänner.

DU BRAUCHST

- Wolle in Weiß
- 6 Wackelaugen, ø 1 cm
- Knopf in Grün, ø 1 cm
- Herzknopf in Rosa, ø 1,5 cm
- 2 Knöpfe in Rot-Weiß kariert, ø 1 cm
- Filzreste in Orange und Rot
- Filz in Rosa, 1 mm stark, 5 mm x 5 cm
- Filz in Petrol, 1 mm stark, 1 cm x 15 cm
- Filz in Hellgrün, 1 mm stark, 6 cm x 12 cm
- Schaschlikstäbchen
- 2 Mini-Pompons in Rosa, ø 1,5 cm

POMPON-SCHABLONE GRÖßE 1 UND 2

TÜRSCHILD

Spionageschutz

DU BRAUCHST

- Wolle in Flieder, Dunkelrot und Orange oder Hellgrün, Rot und Petrol
- Pappschild, 10 cm x 5 cm
- 2 Lederbänder in Hellbraun und Weinrot oder in Hellgrün und Blau, 5 mm breit, je 30 cm lang

POMPON-SCHABLONE GRÖßE 2

1 Umwickle die Schablone mit den drei Wollfarben, sodass alle Farben gleich gut zu sehen sind.

2 Wenn du deinen Pompon mit einem Pompon-Maker fertigst, umwickelst du je eine Hälfte zu zwei Drittel mit einer Farbe. Die restlichen Flächen mit der dritten Farbe umwickeln.

3 Den Pompon wie gewohnt fertigstellen, die Abbindefäden lang hängen lassen.

4 Lege die passenden Bänder zur Schlaufe und binde mittig daran den Pompon und das Pappschild mit den Abbindefäden fest.

5 Zum Schluss beschriftest du das Schild noch mit deinem Lieblingsspruch.

Eltern
müssen
draußen
bleiben!!

VORLAGEN

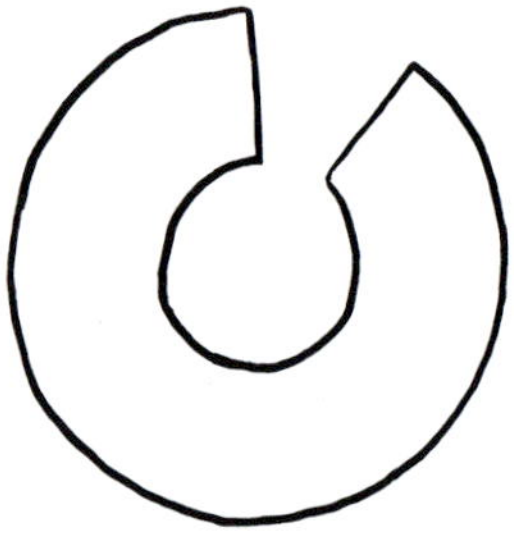

POMPON-SCHABLONE 1

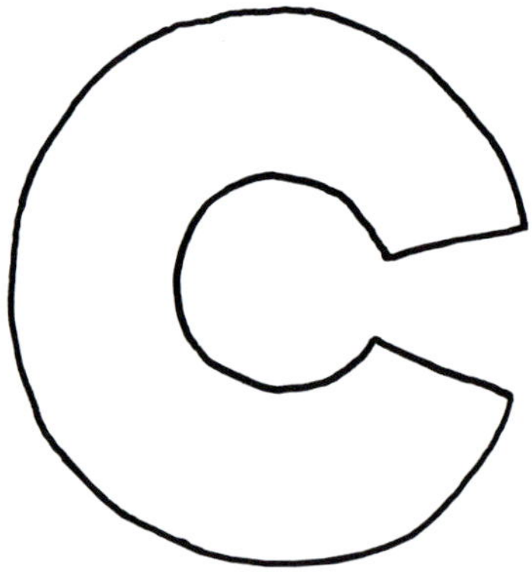

POMPON-SCHABLONE 2

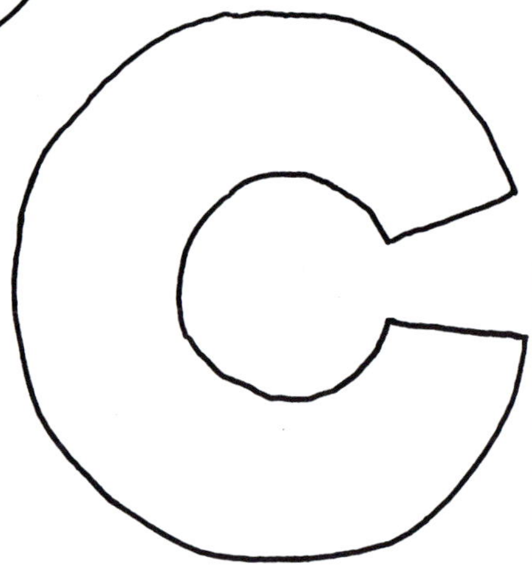

POMPON-SCHABLONE 3

POMPON-SCHABLONE 4

SCHABLONE FÜR GESTREIFTE POMPONS A

SCHABLONE FÜR GESTREIFTE POMPONS B

VORLAGEN

FISCH UND WAL

Seite 10

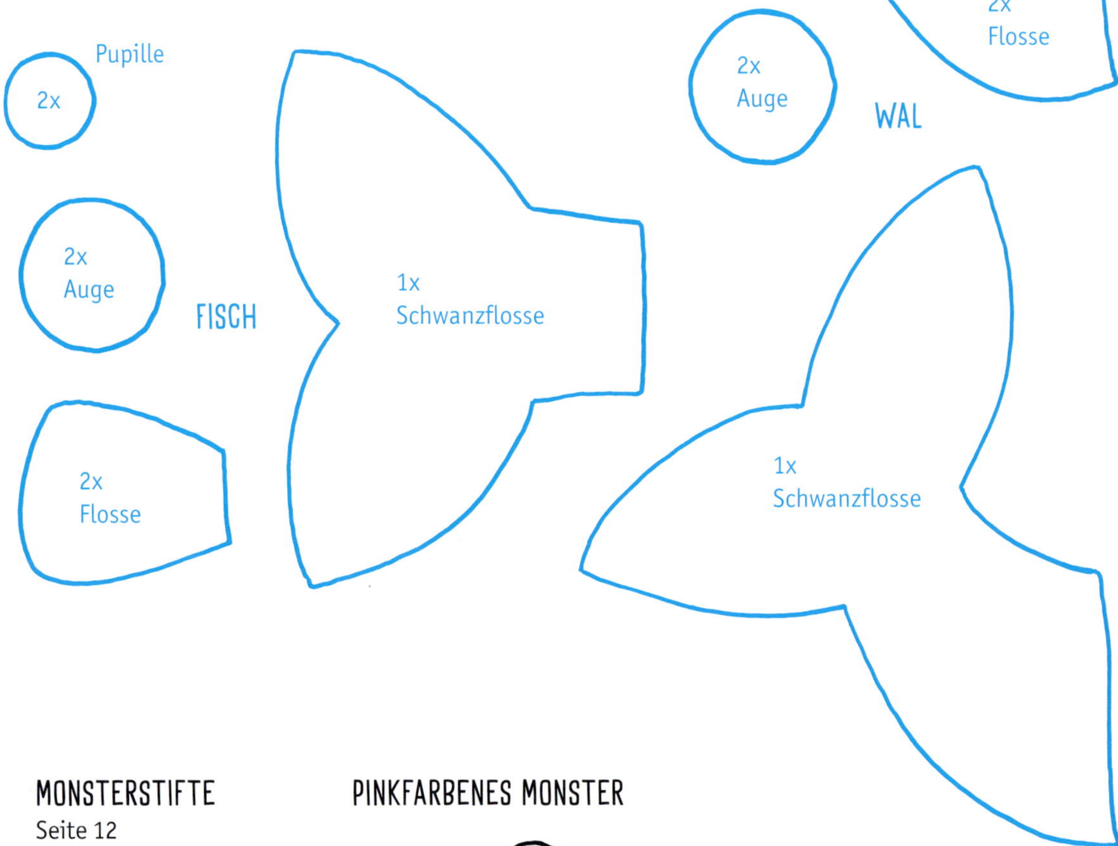

MONSTERSTIFTE

Seite 12

PINKFARBENES MONSTER

GRÜNES MONSTER

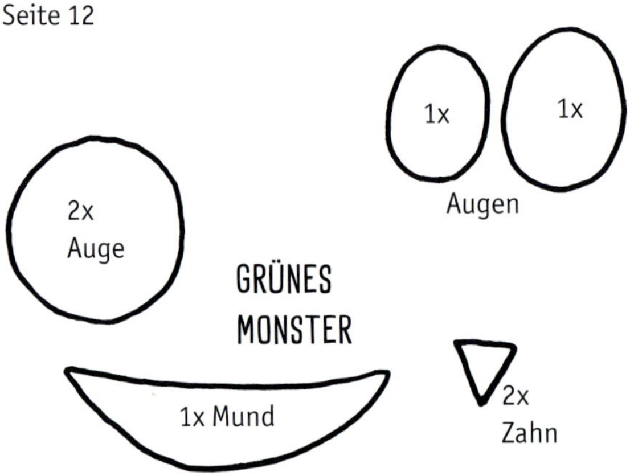

SPINNE

Seite 22

MINI-MUFFINS
Seite 26

KÜKENSCHAR
Seite 24

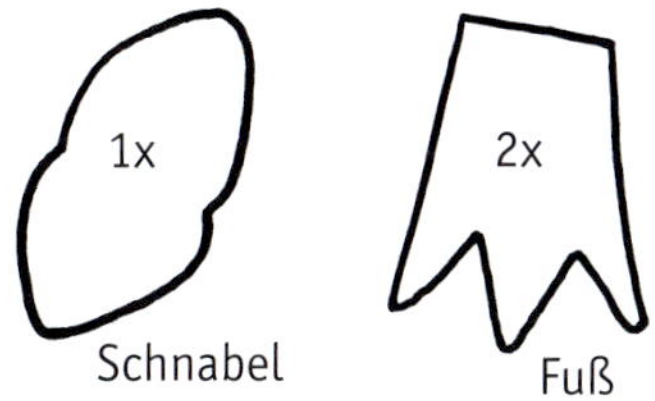

EINHORN
Seite 18

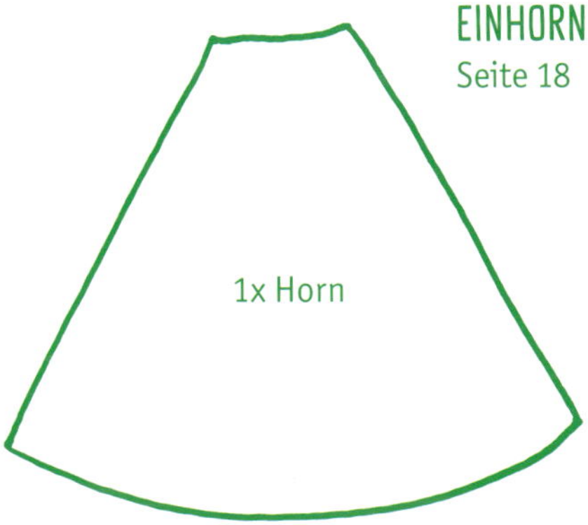

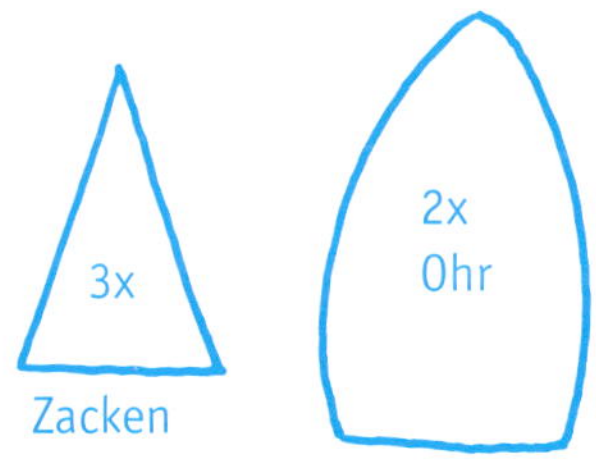

DRACHE
Seite 28

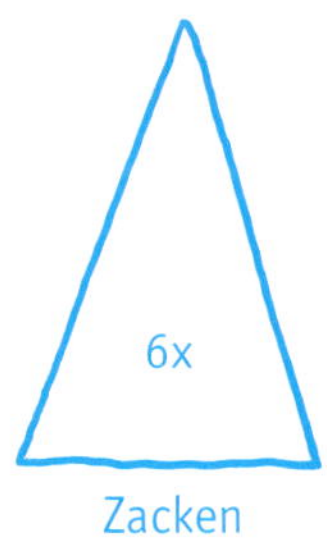

VORLAGEN

HÄUSCHEN UND KRANKENWAGEN

Seite 30

AUTO

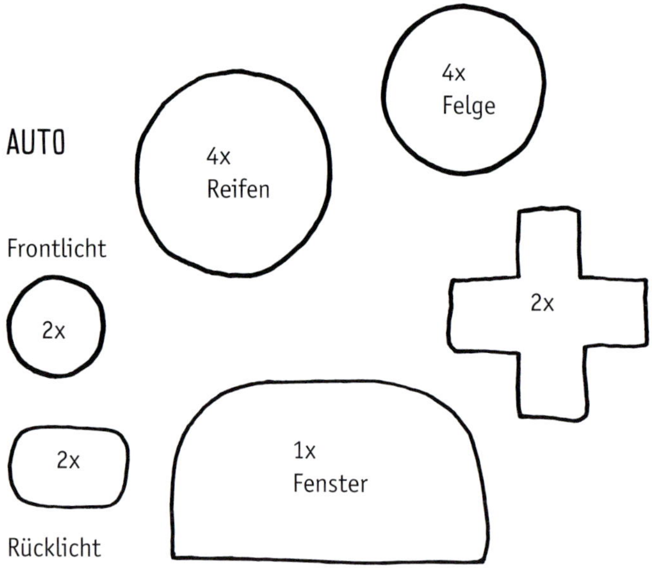

HÄUSER

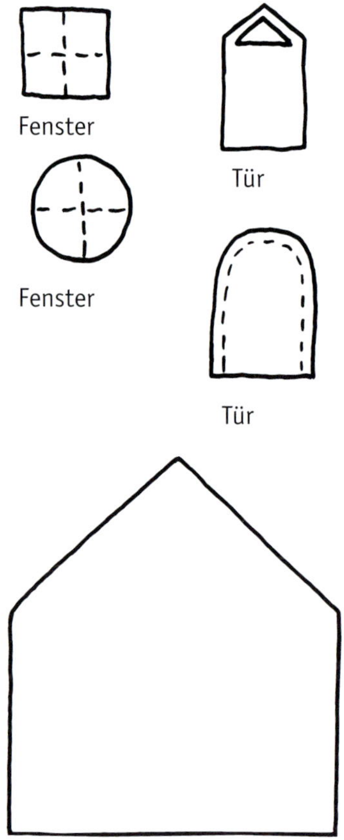

FRÜCHTE

Seite 36

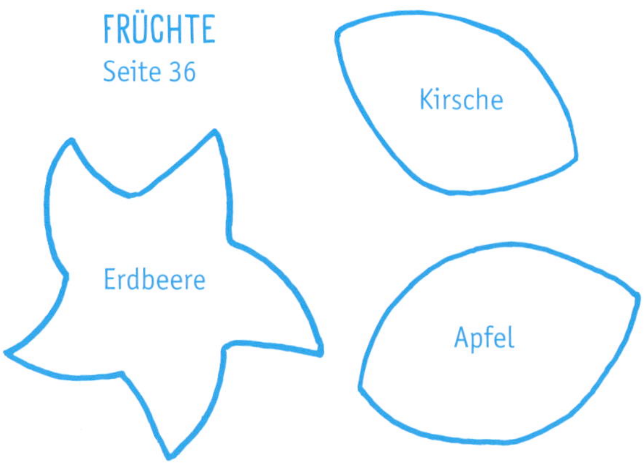

KRAKE UND SEEPFERDCHEN

Seite 34

KRAKE

SEEPFERDCHEN

Pupille

Auge

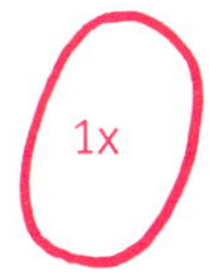

GIRLANDE

Seite 32

Autorin

Ina Andresen ist in Hamburg geboren und hat bereits im Alter von fünf Jahren ihre erste Nähmaschine erhalten. Dieses Modell, das noch per Handrad angetrieben wurde, hatte ihr der Vater aus England mitgebracht. So nähte sie bereits im Kindergartenalter Kleider für ihre Puppen und Kuscheltiere. Nach dem Abitur studierte sie Mode-Design und lernte außerdem das professionelle Nähen bei der Couture-Schneiderin Eva-Maria Zorn in Hamburg. Zu dieser Zeit bekam sie die alte, elektrische und gusseiserne Nähmaschine der Großmutter, auf der sie heute noch näht und die ein wunderbares Stichbild hat.

Danke!

Herzlichen Dank an Michael Ruder und Eva Klingler für die wunderschönen Fotos.

Lieben Dank an meine Familie: Phila für die Gestaltung der tollen Häuser, Toni für die Tipps bei den Muffins und Lasse für das Mitmachen beim Foto-Shooting und einigen Schrittfotos.

Abschließend ein großes Dankeschön an die Firmen MEZ GmbH (Kenzingen), Rayher (Laupheim) und Efco (Rohrbach) für die freundliche Bereitstellung der Materialien.

Service-Hotline

Hast du Fragen oder gibt es ein Problem? Wir helfen dir gern. Ruf uns an oder schreib und eine E-Mail:

Telefon: **0711 / 123 757 20***
*normale Telefongebühren

E-Mail: hilfe@frechverlag.de

Weitere Informationen zum Verlag und zu unserem gesamten Programm findest du unter:
www.topp-kreativ.de

Impressum

MODELLE UND SCHRITTFOTOS: Ina Andresen, Alice Hörnecke (Seite 7)
FOTOS: frechverlag GmbH, 70839 Gerlingen; lichtpunkt, Michael Ruder, Stutgart
KONZEPT: Anna Burger
PRODUKTMANAGEMENT: Cora Friedrich
COVER: Lena Schmitt
HERSTELLUNG: Katrin Röhlig
SATZ: Fotosatz H. Buck, Kumhausen
DRUCK: DZS Grafik, Slowenien

FSC www.fsc.org MIX Papier | Fördert gute Waldnutzung FSC® C106600

Penguin Random House Verlagsgruppe
FSC® N001967

Lassen Sie kleine Kinder nie unbeaufsichtigt basteln oder in der Küche werkeln!

1. Auflage 2024

ISBN: 978-3-7358-9140-2 • Best.-Nr. 29140